Für: Conny

Michael Kernbach

Baujahr 1964

LAPPAN

1964 Baujahr So was baut heut Keiner mehr!

Es gibt nichts Gutes, außer, man tut es. Besonders dann, wenn es das Richtige ist. Und was schön und richtig war, schien unseren Eltern sonnenklar. Und so taten sie, was junge Menschen eben gerne tun. Wie oft? Die nie wieder erreichte Spitzenquote von 1,36 Millionen Babys im Baujahr 1964 lässt es nur erahnen. (Die Bundes-Säuglinge und die deutsch-demokratischen Klein-Bürger- und -innen sind hier zusammengerechnet.)

Gedopt mit einem Mix aus Bier, Likörchen, Kuchen und Leberwurst stand unseren Vorfahren optimiertes Genmaterial zur Verfügung, das sie quantitativ und qualitativ alle bis dahin bekannten Grenzen sprengen ließ. Weil gleich die ersten Modelle der 64er-Reihe alle Erwartungen weit übertrafen, legten Mama und Papa weitere Sonderschichten ein und sorgten so dafür, dass es uns nie an gleichaltrigen Mitmenschen fehlen sollte, die bis heute fast alle Sabine, Thomas, Stefanie und Michael heißen.

Wir wurden in eine Welt hineingeboren, die nicht nur ohne Kleinkind-Yoga und Babyfon auskam, sondern auch ohne iPad und YouTube. Ein eigenes Zimmer hatte in unserer ersten Wohnung oft nur der Fernseher, der in der guten Stube wohnte und nur zu besonderen Anlässen besucht werden durfte.

Wollten wir ferne Länder kennenlernen, mussten wir in einen Atlas gucken oder Briefmarken sammeln. Die Briefmarken lösten wir mit einer vergessenen Kulturtechnik von den Kuverts handgeschriebener Briefe, die damals irrerweise der schriftlichen Kommunikation dienten.

So etwas wie E-Mails und Messages gab es noch nicht einmal als Fantasie in Romanen von Jules Verne. Ebenso unbekannt waren Smartphone, veganes Hack und E-Scooter. Anfangs trugen wir die Kleider unserer Geschwister und später die Haare mit Dauerwelle und Mittelscheitel, tanzten Klammerblues und dann in Formation zu den Songs der Bee Gees und von Village People.

Unsere ersten Autos waren Käfer und Enten und nur unwesentlich schneller als ihre Namensgeber. Wir hatten das Glück, genug von den Resten der tristen Nachkriegszeit gesehen zu haben, um jeden Tag in dieser Welt des Überflusses zu genießen, die es so ohne uns gar nicht geben würde. Und nie wieder geben wird. Bisschen doof für unsere Nachkommen. Wir 1964er haben uns schon mal das Beste genommen vom Teller des Lebens.

Schließlich sind wir einfach die Besten!

Wo viel Licht ist, ist auch viel Schatten, Dieselben Umwelteinflüsse, die unseren Eltern genetische Höchstleistungen ermöglichten, trugen unsere Erzeuger geschmacklich leider oft völlig aus der Bahn. Sie setzten uns zivilisatorischen Grenzgängen wie psychedelischen Tapeten oder gehäuteten rohen Igeln als Abendessen aus. Es ist nur der Robustheit unseres Gencodes zu verdanken, dass wir diese Horrortrips überlebt haben und heute sogar wehmütig an diese schöne Zeit zurückdenken.

1964 Baujahr Wir vom Jahrgang 1964 – Geschichte wird gemacht!

1964 ist definitiv das Jahr, in dem die Zukunft beginnt. Beweise? Im **Januar** nimmt nicht nur eine gesamtdeutsche Olympiamannschaft an den Winterspielen von Innsbruck teil, sondern es werden dort auch, mangels Winter, 25.000 Tonnen Kunstschnee angekarrt. Kommt einem bekannt vor. Im **Februar** steigen gleich zwei Legenden in den Ring, treten dort aber nie gegeneinander an. Zum Glück für den frisch gekürten SPD-Vorsitzenden Willy Brandt, der dort sicher keine Schnitte gegen den neuen Schwergewichts-Weltmeister Cassius Clay gemacht hätte. Zur Sicherung einer stabil hohen Migration nach Deutschland schließt die CDU-Bundesregierung im **März** eine Anwerbevereinbarung mit Portugal ab. Weird. Im **April** beginnt die British Invasion der amerikanischen Musikcharts. Die Beatles belegen dort die Plätze 1–5, was noch keinem Amerikaner gelungen ist. Grund genug für die Rolling Stones, im selben Monat endlich ihr erstes Album zu veröffentlichen. Im **Mai** wird der 1. FC Köln der erste deutsche Meister der neu gegründeten Bundesliga. Kein zu großes Ding, denn die Bayern waren da noch nicht dabei. Das kann dann ja jeder. Im **Juni** übergibt Weltmeistertrainer Sepp Herberger die Fußballnationalmannschaft an Helmut Schön, dem nach nur zehn Jahren Gesellenzeit mit dann jeder Menge Bayernspieler das Gleiche Welt-Meisterstück gelingt.

Der Kitt, der die immer weiter anwachsenden Familien 1964 zusammenhielt, hieß Alkohol. Seine enthemmende Wirkung könnte zudem ein Booster des Babybooms gewesen sein. Der Niedergang des Alkohols als Gesellschafts-Getränk dürfte darum weit entscheidender für den Geburtenrückgang gewesen sein als die Anti-Baby-Pille.

Das Kann dann auch jeder.

Im **Juli** beendet das Bürgerrechtsgesetz in den USA zumindest formal die Rassentrennung und damit Zustände, die sich heute keiner mehr vorstellen mag. Um nicht durch ein Übermaß an Philanthropie auffällig zu werden, steigen die USA unter Präsident Johnson im **August** in den Vietnamkrieg ein und initiieren so die Hippiebewegung. In der Zwischenzeit werden wir immer mehr. Neben der Top-Geburtenquote erreicht im **September** auch der Millionste Gastarbeiter unser Land und bekommt zur Begrüßung ein Moped geschenkt. Einfach so. Ein Ausländer. Von Steuergeld. Gut, dass es noch kein Internet und keine AfD gibt. Auch in Deutschland zu Gast: der schwarze Bürgerrechtler Martin Luther King. Er, als DER Vertreter der People Of Colour, bekommt kein Moped. Gut, dass es noch kein Internet und keine Antifa gibt. Im **Oktober** wird im Zuge des schärfer werdenden Russland-China-Konflikts in der UdSSR Nikita Chruschtschow durch Leonid Breschnew ersetzt. Angesichts des heute dort agierenden Personals nähmen wir beide mit Kusshand zurück. Weil es nach knapp 20 Jahren wohl einfach wieder Zeit ist, gründet sich mit der NPD im **November** eine Partei, in der man endlich auch mal sagen darf, was man von N***, J*** und Z*** hält … wenn es halt nur möglichst wenig ist. Im Gegenzug erhält in **Dezember** Martin Luther King den Friedensnobelpreis.

Keine Hausbar ohne Kurze. Unsere Eltern sprachen noch nicht gut Englisch, kannten darum das Wort „Babysitter" noch nicht und mussten uns deswegen überall mit hinnehmen. Feiern ist dadurch Teil unserer frühkindlichen Prägung und eine Sache, die wir bis heute ganz besonders gut können.

Besser als das Moped, definitiv!

1964 Baujahr Home is where it hart is

Unsere Eltern stammten aus einem Zeitalter, das dem der Dinosaurier nicht unähnlich war. Ihre Kindheit war geprägt von einer Art alternativlosem Purismus. Kein Fernsehen, kein Telefon, keine Spülmaschine, also praktisch keinerlei Zivilisation. Auch wenn sie schon in Steinhäusern lebten und ihre Nahrungsmittel kochten und garten, waren sie doch noch eher simple Wesen, die nun die Aufgabe hatten, eine neue Generation großzuziehen: uns, die Auserwählten vom Jahrgang 1964.

Eine Aufgabe, mit der sie oft auch überfordert waren und die gelegentlich zu barbarischen Foltern wie Fernsehverbot und „kein Abendbrot" führte. Sehen wir es ihnen nach, sie konnten es nicht besser!

Weil unsere Altvorderen noch stark in Ständen und Stämmen organisiert waren, trafen sie sich regelmäßig und gutem altem Brauch folgend in den Wohnhöhlen ihrer Sippe, um dort oft dionysische Feste zu feiern. Kinder waren zugelassen, sie zu opfern aber Gott sei Dank schon lange aus der Mode gekommen. Gelegentlich kam es durch Onkel und Tanten zu Einführungen in die Riten des Eierlikörs und des Stumpen, was wir als Initiationsritus verstanden, auf den wir trotz der mörderischen Übelkeit mächtig stolz waren!

Da obendrein so etwas wie Nachhaltigkeit oder ein ökologisches Bewusstsein in den 60ern des vergangenen Jahrhunderts bestenfalls schemenhaft ausgebildet war, sind wir, ehrlich betrachtet, in einer Umgebung aufgewachsen, die man aus heutiger Sicht wohl als menschenfeindlich bezeichnen würde.

In den Wohnhöhlen unserer Eltern herrschten, anstelle von Naturstein oder zertifiziertem Edelholz, Polymer-Gebilde und Bakelitplatten vor, deren giftige Dämpfe unsere Vorfahren mit Hilfe von Zigaretten in massiven Rauchopfern zu bekämpfen versuchten.

Seveso – das war in unserer Kindheit überall. Die Flokati-Wohnlandschaften aus mehrkettigen Polyethylen-Verbindungen bekämen heute nicht einmal mehr eine Feinstaubplakette, und die reinigungsfeindliche Struktur dieser Gewebe gilt bis heute als Herd für viele schwere Infektionskrankheiten mit Sinneseintrübungen, in deren Rausch Tony Marschall und der „Blaue Bock" hemmungslos gefeiert wurden.

Für uns jedoch war diese Welt ein Abenteuerspielplatz! Nicht ganz ungefährlich, aber spannend und voll neuer Erfahrungen. Insbesondere die heimische Küche war ein Ort, an dem jedes Gerät entweder scharf, spitz oder glühend heiß war.

Den ganzen Tag fernsehen, das war ein Akt reinster Fantasie, denn es gab unter der Woche nur wenig Programm für Kinder, und wenn man sich vor die Glotze hocken durfte, musste man hoffen, dass sich die Sendung sich nicht mit Vaters Nachrichten auf den beiden anderen Fernsehkanälen überschnitt und dadurch ein vorzeitiges Ende fand. Fernsehgeräte gab es nämlich pro Familie gerade mal eines. 1. Uno. Und das oftmals noch nicht mal mit Farbe!

Die Wohnung unserer Kindheit würde heute von jedem Sicherheitstechniker auf der Stelle geschlossen und als nicht betretbar deklariert werden. Selbst mit Helm und Sicherheitsanzug keine Chance. Man sieht der brüllenden Gefahr staunend ins Gesicht und fragt sich: Wie haben wir das bloß überlebt?

Telefone befanden sich an einem unverrückbaren Platz und waren so kostbar, dass sie oft sogar in Häkelwäsche gekleidet wurden. Für uns war das einerlei, denn das Telefon gehörte zur großen Gruppe der „Finger weg“-Gegenstände, für deren widerrechtliche Nutzung es auch schon mal eine Schelle gab. So brachte man uns in den ersten Jahren mit Stoffwindeln, Hausarrest und kratzenden Baumwollkostümen bei:

Das Leben ist kein Zuckerschlecken!

Da die größten Gefahren für Leib und Wohlergehen im Inneren unserer Behausungen warteten, und zwar nicht nur in Form von Haushaltsgeräten, sondern auch als Backpfeife oder „langes Ohr", zog es uns so oft und so lange wie möglich nach draußen. Dort warteten schon die Gleichgesinnten.

Feen, Cowboys, Astronauten, Prinzessinnen, das ganze Programm. Weil wir alle irgendwie gleich viel oder gleich wenig besaßen und Spielzeug nur an Weihnachten oder zum Geburtstag geschenkt bekamen und niemals nach Marke ausgewählt, kamen tatsächlich fünf Mädels mit einer Puppe und zwanzig Jungs mit einem einzigen Ball aus.

Diese Sharing Economy war auch bitter nötig, denn das Einzige, was zum es Spielen reichlich gab, waren halt andere Kinder. Wir unterschieden uns also weder in der materiellen Ausstattung noch durch einen besonderen Vornamen voneinander.

In den anonymen Wohnsilos der Stadtränder wuchsen viele von uns als skrupellose Gang-Kids heran, die mit Kaugummi dealten und im Schwimmbad über den Zaun kletterten – eine verlorene Generation von Draußenspielern und Immer-nur-Spaßhabern.

Wir waren einfach Kinder – und wohl genau darum die glücklichsten, die wir uns bis heute vorstellen können.

Außer Rand und Band im Sandkastenland!

Computer waren für uns ähnlich gut erreichbar wie waffenfähiges Uran. Trotz besaßen wir eine **erstklassige Bio-Technologie**, die für uns Gamer keine Wünsche offenließ. Die Software dazu hieß **„Fantasie“** und wurde von uns kollektiv in einer Cloud genutzt, die den Namen **„frische Luft“** trug. Die Gadgets, die wir zum Zocken nutzen, wuchsen **nachhaltig und biologisch** abbaubar um uns herum, an Bäumen und Büschen.

Wir waren, was wir sein wollten! Unser Abenteuerland Fantasia war wie eine erstklassige 3-D-Reality, in der es ungezählte virtuelle Welten gab. Unsere Avatare waren häufig Indianer und Elfen, die sich oft genug gemeinsam hinter Mülltonnen oder im Gebüsch vor dem „Schwarzen Mann" verstecken, vor dem ausnahmslos alle Angst hatten.

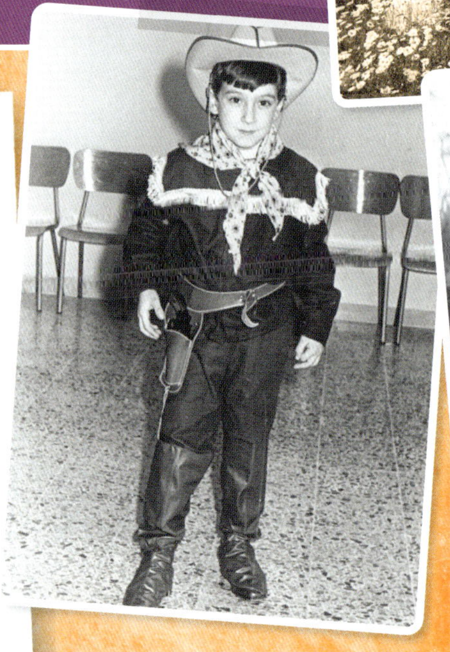

Nur mit unseren Händen und den kargen Mitteln, die uns die Natur (und manchmal unsere Oma) zur Verfügung stellte, schufen wir Kunstwerke von atemberaubender Schönheit. Leider war den meisten dieser Arbeiten nur eine sehr kurze Lebensdauer vergönnt. Praktisch alle Sammlungen fielen spätestens dem samstäglichen Bildersturm unserer Mütter im Kinderzimmer zum Opfer.

1964–1973

Das waren Zeiten!

1964 Ist nun mal ein Gründerjahr für besonders langlebige Erfolgsmodelle, denn neben uns werden sowohl **Pink Floyd** als auch die **PLO** aus der Taufe gehoben. Grund genug, für die Zukunft eine entsprechende Qualitätskontrolle einzuführen. Leider ist die deshalb entstandene **„Stiftung Warentest“** zu diesen beiden P-Produkten bis heute einen Testbericht schuldig geblieben.

1965 Bei der weltweit tobenden **Beatlemania** wird gerade definitiv mehr verdient als die „Eine Handvoll Dollar“, mit der **Clint Eastwood** erstmals auf den Kinoleinwänden auftaucht. Damit nicht alle **DDR-Bürger** dieses Ereignis versäumen müssen, dürfen die Rentner des Arbeiter- und Bauernstaats nun auf **Westreise** gehen, wo sie eine Handvoll **D-Mark** als Begrüßungsgeld bekommen.

1966 **John Lennon** erklärt die **Beatles** für „populärer als Jesus“, was sicher genauso wenig in Ordnung geht wie das **Wembley-Tor,** mit dem sich die **Engländer** ihren einzigen **WM-Titel** erschleichen. Diese Briten! Um unseren Inselnachbarn nun wöchentlich zu zeigen, dass wir das mit den regulären Treffern einfach besser beherrschen, erfindet das **ZDF** das **Torwandschießen.** Das „Fräulein vom Amt“ geht in Rente, und **Willy Brandt** wird Außenminister und Vizekanzler – bekommt aber noch nicht den **Friedensnobelpreis,** der wohl deshalb 1966 einfach gar nicht erst verliehen wird.

Der Größte machte aus dem Boxsport Unterhaltung und prägte viele Jahre das Fernsehverhalten im Zeitfenster weit nach Mitternacht, lange bevor es Dauerwerbesendungen oder Serien-Endlosschleifen gab. Für Cassius Clay, der sich später Muhammad Ali nannte, und für Mondlandungen standen unsere Eltern gerne um drei Uhr morgens auf.

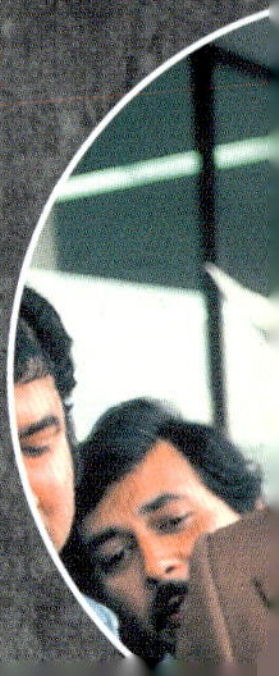

Eine Handvoll Blicke für einhundert Filme: Kein Schauspieler hatte ein ökonomischeres Minenspiel als Clint Eastwood, bis er in dieser Kategorie von Eiweiß-Boliden mit One-Look-Face wie Arnie Schwarzenegger und Jean-Claude Van Damme abgelöst wurde.

1967

Die **Bürger der DDR** erhalten ihre eigene **Staatsbürgerschaft.** Es sind also nicht nur Wohnungen, Autos und Telefone, auf die man im Ostteil Deutschlands 20 Jahre warten muss. **Elvis** heiratet in Las Vegas Priscilla und begründet damit eine ganze Vermählungsindustrie. **Che Guevara** wird erschossen und kann so nicht mehr in die **Kommune 1** einziehen, in der er mit **Uschi Obermaier** nicht nur zur Musik des gerade erschienenen **Sgt. Pepper's-Albums,** sondern auch zu der von **Jimi Hendrix** hätte tanzen können, der in diesem Jahr seine erste Platte veröffentlicht, um dann ein Jahr später dazu mit eben dieser Uschi Obermaier nicht nur zu tanzen. Das Leben ist ein Kreis.

1968

Das Jahr 1968 markiert den **Übergang in die moderne Welt,** wie wir sie kennen: Quelle beginnt mit dem Versand von **Tiefkühlkost** und **Dick Fosbury** revolutioniert den Hochsprung. Warum seine neue Erfolgstechnik **„Flop"** heißt, bleibt bis heute sein Geheimnis. **Intel** und **Led Zeppelin** werden gegründet, und die Wahl **Nixons** zum US-Präsidenten legt den Grundstein für die **Watergate-Affäre.**

Die Überwindung des Eigentums war das oberste Ziel vieler sozialistischer Staaten. Um die Wertlosigkeit von Besitz eindrücklich erfahrbar zu machen, gab die DDR sogar eigene Reisepässe heraus. Nicht alle Bürger fanden diesen Witz wirklich lustig.

Auch das Strammstehen vor der Flagge sah man in Woodstock seltener als auf dem Mond, obwohl der viel dünner besiedelt war.

1969

Woodstock: Wir waren alle da. Zumindest mit unseren Gedanken. Außer denen von uns, die mit **Michael Holm** nach Mendocino fuhren oder mit Elvis in the **Ghetto** zogen. Auch **Neil Armstrong** war verhindert, er musste zum Mond, wo das Wetter entschieden trockener war als in Woodstock. **John Lennon** und **Yoko Ono** haben derweil gar keine Lust wegzugehen, sie bleiben einfach im Bett. Eine Woche lang. Ohne Netflix. Ohne Fernbedienung. **Diese verrückten Hippies!**

1970

Apollo 13 funkt: „Houston, wir haben ein Problem …". Apollo 13 wird geholfen. Vielleicht hätten wir Deutschen nach der Befreiung **Andreas Baaders** dort auch besser mal angerufen. **Willy Brandt** geht in Warschau auf die Knie, im Fernsehen läuft **der erste „Tatort"** und im Kino hat die **„Love Story"** Premiere. Ein Film, den sehr viele Männer sehen wollen, die an der Kasse dann aber irrtümlicherweise den **„Schulmädchen-Report"** für die deutsche Fassung halten. So muss es gewesen sein, anders sind die **Rekordumsätze** für den Schmuddelfilm nicht zu erklären.

Eine Folge der immens erfolgreichen „Schulmädchenreport"-Reihe mit dem Arbeitstitel „Schulmädchen wollen alles wissen", die in einer Apollo-Kapsel spielen sollte, konnte leider nicht zu Ende gedreht werden, weil sich die Schulmädchen in der Schwerelosigkeit nicht richtig entkleiden konnten. Schade!

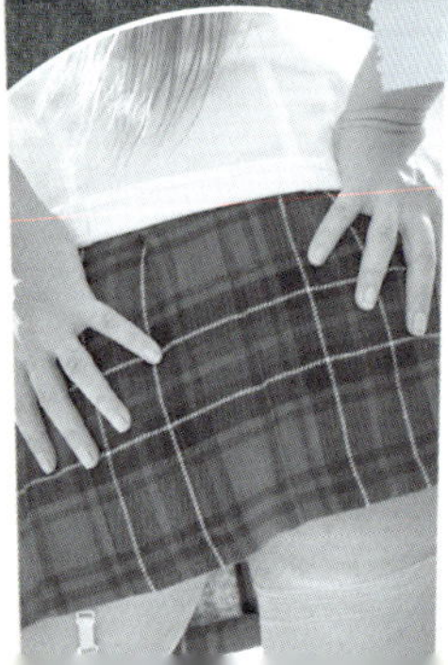

Sie hatten schon Smartphones und Skype, als wir noch das Farbfernsehen für den Endpunkt der technischen Entwicklung hielten. Wenn wir mit dem Beamen endlich auch so weit sind, lassen wir uns sofort in die 70er-Jahre zurückteleportieren.

1971 markiert eine Weltenwende. Nicht etwa, weil **Ray Tomlinson** die E-Mail, das @-Zeichen und damit schließlich auch den ganzen Spam erfindet. Pfui, Ray! Viel bedeutsamer ist die **Aufhebung der Goldbindung des Dollars.** Jeder Schein ist ab sofort das wert, was draufsteht. Warum auch immer. Dass im selben Jahr die elektronische Zockerbude **NASDAQ** ihre Rechner öffnet, kann da kaum ein Zufall sein. Wie hoch indes das **allgemeine Kulturniveau** zu dieser Zeit ist, beweist der Spanier **Miguel Rios,** der mit Beethovens „Ode an die Freude" – getarnt als **„A Song of Joy"** – die Hitparaden stürmt.

1972 verwandeln **palästinensische Terroristen** die „heiteren Spiele" von München in „Olympic Games of Horror". Dafür geht der Polizei die **erste Generation der RAF** ins Netz, leider mit der Folge, dass die zweite Generation es noch viel schlimmer treibt. Kein Wunder, dass **Christian Anders** da von einem **„Zug nach Nirgendwo"** träumt. Egal wohin diese Fernreise letztlich gehen sollte, nichts ist so weit entfernt wie das Weltall, dessen unendliche Weiten wir nun durch das **„Raumschiff Enterprise"** kennenlernen. Beam me up, Scotty!

1973 Nach den vielen fetten Jahren setzt die **OPEC** unsere Eltern auf eine **drastische Öl-Diät,** wegen der im November alle jeden zweiten Sonntag zu Fuß gehen müssen. Ganz schlümm! Wenigstens für unser späteres Vergnügen wird derweil gesorgt: **Kiss** und **AC/DC** gründen sich. Damit die Zukunft aber nicht ZU cool aussieht, läuft sich zeitgleich **Helmut „Birne" Kohl** für die 80er-Jahre warm und wird schon mal **CDU-Vorsitzender.**

Der Müllberg der Geschichte hält erheblich mehr Speicherraum nach als die 1971 vorgestellte Floppy Disk mit ihren 1,44 MB. Dass er 1989 ebendort endgelagert würde, kann Honi Honecker bei seiner Machtübernahme natürlich noch nicht ahnen.

1964 Baujahr Nicht fürs Leben – für die Schule lernen wir!

Leider ging die unbeschwerte Kleinkindzeit viel zu schnell vorbei, und mit den mahnenden Worten „Jetzt beginnt der Ernst des Lebens!" schickte man uns in die Schule. Der Tag der Einschulung markierte einen Einschnitt in unser bisheriges Lebenskonzept, wie er härter nicht hätte sein können. War unser Alltag im Kern vor allem dadurch geprägt, dass wir uns so weit wie möglich von Erwachsenen fernhielten und möglichst viel Spaß hatten, erwartete uns jetzt mit dem Schulalltag ein komplett gegenteiliger Ansatz.

Mit einem mulmigen Gefühl wankten wir unter der Last unserer kiloschweren Schulranzen in unsere erste Lehranstalt. Im Nachhinein und im Vergleich zu mancher Arbeitsstelle war es dort eigentlich gar nicht mal so schlecht. Nur an das ewige Stillsitzen und Aufzeigen mussten wir uns erst gewöhnen. Wer das nicht so schnell lernen wollte wie von der Frau Lehrerin verlangt, bekam beim Nachsitzen Gelegenheit, dieses Verhalten zu trainieren.

Mit einem billigen Bauernfänger-Trick lockten uns die Erwachsenen in die Volksschule und lieferten uns dort schutzlos den Lehrern und Pfarrern aus. Wir dankten es ihnen mit Elternsprechtagen, Schulaufführungen und Sorgen bezüglich der Versetzung. Hätten sie uns doch einfach draußen weiterspielen lassen!

Unsere TV-Helden waren Ir-Realitystars und beherrschten Dinge, von denen die Bacheloten von heute nicht mal zu träumen wagen.

Wenn es draußen regnete, Papa noch auf der Arbeit war oder wir halt mal Ruhe geben sollten, ging auf einmal zu Hause auch unter der Woche mal der Fernseher an und lieferte mit „Pippi Langstrumpf“, „Herbie, der Käfer“ und „Pan Tau“ nach und nach die Unterhaltung, mit der auch ein vernünftiger Wildfang etwas anfangen konnte.

Das Angebot an tollen Serien, Shows und Filmen wuchs rasant und wir kamen nicht umhin, der „Röhre“ immer öfter unsere Aufmerksamkeit zu schenken. Wir schlugen die Warnungen unserer Eltern, dass wir vom Dauerglotzen viereckige Augen bekämen, einfach in den Wind. Das Programm, das mit jedem Monat besser wurde, wäre diese Entstellung in jedem Falle wert gewesen.

n Serie ...

... lernten wir mit **BONANZA** und den **LEUTEN VON DER SHILO-RANCH** den Wilden Westen von seiner besten Seite kennen ...

... und von **DICK UND DOOF** wie „Kniechen, Näschen, Öhrchen“ geht.

... lernten wir Donnerstagsabends beim **GROSSEN PREIS** Wum, Wendelin und den blauen Klaus kennen und lieben ...

... und sagten John-Boy und Elisabeth bei den **WALTONS** „Gute Nacht“.

Wir lachten über die hemdsärmeligen Witze bei **TOM & JERRY** ...

... und lernten alle Schlagermelodien aus der **ZDF-HITPARADE.**

Wir bekamen Nachhilfe in Sachen Coolness von **STARSKY & HUTCH** ...

... und trafen mit **MORK VOM ORK** einen Außerirdischen, der genau so bekloppt war wie wir selbst.

Baujahr 1964 Hot Stuff, Hot Pants, Hot Rock

Kaum hatten wir uns in der heilen Welt aus Hausaufgaben, Muppetshow, Hinkelkästchen-Springen und Fußballtraining eingerichtet, schlug Mutter Natur erbarmungslos zu und geißelte uns mit dem Fluch der Pubertät, der über Nacht alles peinlich machte, was uns eben noch der Himmel auf Erden zu sein schien. Geknechtet und in der Geiselhaft unserer Hormone lag unser einziges Begehr plötzlich nur noch darin, von unserem Schwarm erhört zu werden, der auch schon mal tagesaktuell wechseln konnte.

Um uns für die Balz Mut zu machen, tanzten wir in der Pfarrheim-Disco wild zu den Songs von „Queen" und „Status Quo", dabei immer in der Hoffnung, dem auserwählten Wesen am Ende bei Schmusemusik wie „How Deep Is Your Love" oder „Mull Of Kintyre" so richtig näherzukommen. Vielleicht sogar bis zum Knutschen!

Die Mutigeren von uns gingen es gradliniger an und spielten auf Kellerpartys frivole Sexspiele wie „Flaschendrehen", wo wir zu 98,75% anstelle eines Prinzen den Frosch zum Küssen bekamen. Eine Erfahrung, die wir im späteren Leben noch öfter machen mussten. Wo wir von selbst nicht weiterwussten, versorgte uns die BRAVO mit Tipps, etwa wie wir unsere Traumboys und -girls auf uns aufmerksam machen und zum Rendezvous verleiten könnten.

Das Team von „Dr. Sommer" wusste im selben Magazin dann auch für den „Day After" alles, was uns krank vor Sorge machte – etwa, ob man von Zungenküssen schwanger werden kann und ob der gerade entdeckte Haarwuchs außerhalb des Kopfes Zeichen einer schweren Krankheit sein könnte.

Gutes Aussehen war nicht eine Frage des Geldbeutels, sondern der richtigen Pose. Wir hatten es schon sehr früh raus, auch in den merkwürdigsten Momenten überlegen-lässig rüberzukommen. Das hilft heute auch schon mal im Beruf, wenn man etwa mit dem blanken Hintern auf dem Kopierer erwischt wird.

Wahre Romantik gab es nicht nur im Kino, sondern auch in Zeltlagern oder besonders beim Jahrmarkt, wo wir beim Auto-Scooter temporär den letzten, großen Schritt in die Welt der Erwachsenen machen durften, nämlich das völlig rücksichtslose Führen eines Fahrzeugs mit der Inkaufnahme, andere zu gefährden.

Das Rennen um die erste Liebe hatte also begonnen, und wir suchten jede Gelegenheit, um in der Schlacht der Gefühle einen entscheidenden Sieg davonzutragen. Leider waren unbewachte Momente für solche Infights rar gesät.

Das änderte sich schlagartig, als wir uns unserer ersten Jugendorganisation anschlossen. Hier standen gewaltige Gruppen von mehr oder minder Gleichaltrigen einer Handvoll überforderter Gruppenleiter gegenüber, die zudem oft nicht viel älter waren als wir und selbst entsprechend ähnliche Interessen verfolgten.

Besonders in den Zeltlagern und Jugendheimen zwischen Nordsee und Alpen konnten wir endlich das Zusammenleben mal so gestalten, wie es aus unserer Sicht sinnvoll war. Dreh- und Angelpunkt dieser Sozialutopie aus Pfefferminztee, Spüldienst und Nachtwanderungen waren gemeinsame Abende am Lagerfeuer, bei denen insbesondere Jungs mit guten Gitarrenkenntnissen wichtige Bonuspunkte bei den Lagerdamen sammeln und dort so manches Mal sogar den sportlichen Sonnyboy ausstechen konnten, der ein bisschen wie Leif Garrett aussah.

Also, sehr manchmal. Es soll zumindest einmal vorgekommen sein, gerüchteweise.

1964 Das war noch großes Kino! Die wilden Abenteuer im Rex und im Roxy

Baujahr

Richtige Schauspieler in großartigen Geschichten, gefilmt von Meistern ihres Fachs – das war natürlich auch bei uns eher die Ausnahme. Wenn es aber ein solches Meisterwerk zu bestaunen gab, boten unsere Kinos das perfekte Ambiente dafür. Wir saßen dort, rauchend und Eiskonfekt verschlingend, und waren Zeuge einiger Filmdebüts für die Ewigkeit.

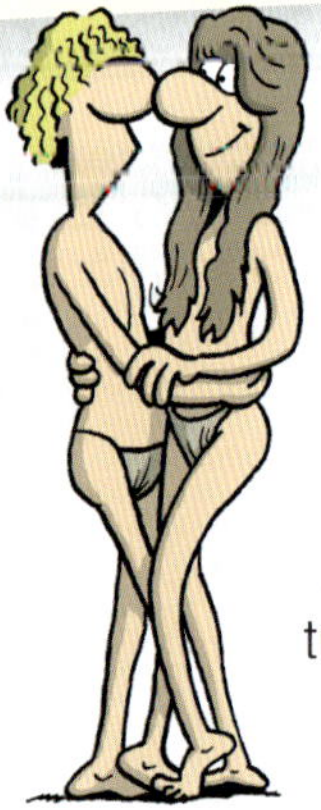

Mit der Pubertät wuchsen nicht nur Krauses Haar und Pickel, sondern auch unser cineastisches Interesse. Das Kino wurde für uns ein wichtiger Ort, an dem wir viel fürs Leben lernten. Manchmal auch von den Filmen, die dort liefen. Werke wie die „Eis-am-Stiel“-Reihe oder die „Blaue Lagune“ halfen schon mal, die Dinge mit der Begleitung im Nebensitz in die richtige Richtung zu bewegen.

Wenn noch nicht klar war, ob es mit unserem Rendezvous dieses Mal schon zum Knutschen reichen würde, sahen wir uns, schon zur Ablenkung, mit größter Konzentration die Vorführungen weniger verfänglicher Streifen an.

So lernten die Jungs unter uns nach ihrer ersten Begegnung mit Darth Vader in „Star Wars“ und dem „Alien“, vom Traum des Astronautenberufs abzulassen, und die Mädels begriffen bei „Kramer gegen Kramer“, dass jede noch so romantische Träumerei ein schlimmes Ende nehmen kann und man besser jetzt knutscht, bevor es zu spät ist.

Love the one you're with.

Ob die „Todeskralle" Bruce Lee wohl auch gegen Darth Vader hätte gewinnen können? Leider ist es nie zu diesem Duell gekommen. Egal, für uns gab es in den Sonntagvormittags-Vorstellungen unserer Lichtspielhäuser mit den Auseinandersetzungen...

... der täuschend echten Monster in „King Kong gegen Godzilla" und „Frankensteins Kampf gegen die Teufelsmonster" mehr als gleichwertigen Ersatz.

Wir saßen im Kino, ...

... als ein **KÄFIG VOLLER NARREN** uns humorvoll zeigte, wie bunt die Welt des Miteinanders sein kann ...

...und die **BLUES BROTHERS** auf große Mission gingen, um die Band wieder zusammenzubringen. Wir lachten uns schlapp über Schwanzus Longus, Geschwister Loretta und all die anderen Vögel, die im **LEBEN DES BRIAN** die Leinwand bevölkerten.

Wir waren dabei, als Arnie Schwarzenegger seine Weltkarriere in der Charakterrolle des Muskelbergs in **CONAN DER BARBAR** begann und Sean Connery in **SAG NIEMALS NIE** den Dienst als Agent 007 ihrer Majestät quittierte, um sich nicht an der Kinokasse mit stillosen Typen wie **RAMBO** prügeln zu müssen.

Baujahr 1964

Anders ist schön – schön ist anders

Weil nicht nur wir 1964er, sondern auch die Vorgänger- und Folgemodelle in großer Zahl auf dem Markt waren, gab es für viele von uns nur eine Wahl, um aus dem Einheitslook des Alltags ein wenig herauszustechen: Wir schlossen uns einer Jugendbewegung an!

Die Mutigsten unter uns landeten in zwei sehr unterschiedlichen Gruppen: Da gab es die Linksbewegten, die sich schon wegen ihrer ständigen Präsenz auf der Straße, wegen des sauren Regens, der Atomkraft und den Mittelstreckenraketen gegen genau diese Gefahren ausgerechnet mit einem Bundeswehrparka schützen mussten. Und die Popper, für die die Straße allein die Verbindungslinie zwischen Boutiquen, Bars und Diskotheken darstellte.

Die Linksbewegten unter uns trugen gerne Sachen aus dem Dritte-Welt-Laden und die Haare lang, wie unsere Vorbilder aus den 68er-Jahren. Sie hatten selbstgestrickte Pullis und Windeln, die sie von Hand gebatikt hatten.

Unter unseren Modeikonen waren nicht nur echte Style-Flanken wie Olivia und John, sondern sogar Politiker. Arafat, Che Guevara, ... Alter, DIE hatten einen Look! Das wäre mit dem heutigen Personal nicht mehr denkbar. Wer will schon mit 16 wie ein Abteilungsleiter aussehen?

Manche von uns machten sich ihre Klamotten SELBST. Nicht selbst geshoppt oder selbst online bestellt, sondern selbst gefärbt, genäht, gehäkelt. Die Zeit, die wir dafür brauchten, nutzten andere für ein Medizinstudium, durch das sie später Mörderkohle verdienten, mit der sie dann den Siegeszug der teuren Markenklamotte einleiteten. Heute hat sogar Wolle ein Label.

Bei den Poppern ging es da viel feiner zu. Sie sorgten für eine völlig neue Definition des Begriffs „bunt“, wozu sie die Komplementärfarben auf Neon-Level hievten. Parallel dazu experimentierten sie auch mit Schwarz und Weiß, sodass es ihnen mehrfach gelang, ältere Menschen bei ihrem Anblick erblinden zu lassen. Erlaubt war bei den Poppern halt, was bis dato nicht denkbar gewesen war.

So entwickelten Modedesigner aus der arabischen Pumphose die Karottenjeans und schufen für eine kurze Zeit eine Phase der Ruhe und des Glücks für alle Menschen mit voluminösen Oberschenkeln. Modeschmuck wurde der totale Renner und man behängte sich mit Kunstperlenketten und extravaganten Silberringen, bis man sich kaum noch bewegen konnte.

Zwischen modebewussten Gruppen wie den Poppern und Punks stand allerdings der gewaltige Block der größten Jugendbewegung unserer Zeit: die StiNos. Die StiNos waren ein bisschen Rocker, ein bisschen Öko, mal ein bisschen Popper (an Weihnachten) oder etwas Punk (an Karneval) und konnten sich der Verachtung der „richtigen“ Jugendgruppen vollends sicher sein.

Dabei waren gerade die Stink-Normalen die wahren Paradiesvögel, die den Höllenritt durch die wechselnden Moden der 80er-Jahre wagten und selbst vor Minipli und Dschingis-Khan-Schnäuzern nicht haltmachten. Heute senken wir davor in Ehrfurcht unser Haupt und sagen:

For those about to StiNo, we salute you!

Viele Köche verderben den Brei. Der Versuch, den Blick von Jerry Lewis mit dem lockeren Lederjackenlook von „Starsky und Hutch" und der lustigen Brille von Otto zu einer Art Hyper-Style zu vereinbaren, ging bei vielen StiNos leider immer wieder gründlich daneben!

Baujahr 1964 We Lost In Music

Neben den Klamotten war Musik das Allergrößte. An unsere erste Single und an die erste LP können wir uns genauso gut erinnern wie an unseren ersten Kuss, vielleicht sogar noch ein bisschen besser. Es gab Unmengen von richtig guter Mucke, und jeder Morgen brachte neue Songs, die noch besser waren als die vom Vortag.

Das Radioprogramm schien deswegen täglich zu wechseln, und kein Sender wäre auf die Idee gekommen, jeden Tag dieselben zehn Lieder zu spielen. Man verließ sich beim Funk darauf, dass wir als Hörer so etwas wie einen eigenen Geschmack besaßen und damit für uns schon das passende Angebot dabei sein würde. Und weil wir deshalb alle echte Fachleute in Sachen Musik waren, nahmen wir optimale Liedfolgen auf so genannten „Mix-Kassetten“ auf und schenkten sie unseren Freunden.

Über der richtigen Song-Auswahl und Reihenfolge solcher Kassetten entschied sich der Verlauf von Freundschaften, und manch hoffnungsvolle Liebe ist an einem achtlos auf die „Love Forever“-Seite des Mix-Tapes geratenen AC/DC-Song jämmerlich zu Grunde gegangen.

Weil wir noch nicht alle zwei Wochen ein neues iPhone brauchten und zu Hause bei Mama anstatt bei „Hans im Glück" oder „Burger King" essen konnten, hatten wir immer Geld für Schallplatten übrig, die neben Zeitschriften und Süßigkeiten unser Hauptnahrungsmittel waren. Dass Leute wie Peter Maffay, Phil Collins, Madonna und Ann-Frid heute in tollen Häusern wohnen und nie wieder arbeiten müssen, verdanken sie alleine unserem Plattentick. Was soll's, sie haben es sich verdient!

Die Biodiversität unserer Hitparaden war einmalig und der Artenreichtum ist bis heute unerreicht. Jede Woche durften wir dort bis eben noch unbekannte Spezies entdecken, ihren Gesängen lauschen und sie mit unserem Taschengeld füttern. Noch heute sind die meisten Rundfunksender Schutzreservate für diese Wesen und erhalten uns allen so die Erinnerung an eine Zeit, in der die Lieder wie die Blumen blühten!

Musik komprimieren, wer hat's erfunden? Wir schafften es schon in den frühen 1980er-Jahren, Musikdateien von 2-3 kompletten Langspielplatten auf einen zigarettenschachtelgroßen Datenträger einzudampfen. Ganz ohne Computer, nur mit Geduld. Beides heute undenkbar!

Die Hits unserer Jugend:

Die ultimative Doppel-LP!

Seite 1

Rose Royce:	***Car Wash***
The Eagles:	***Hotel California***
Boney M:	***Ma Baker***
Frank Zander:	***Oh Susi***
Bay City Rollers:	***Yesterday's Hero***
Gerry Rafferty:	***Baker Street***
Bee Gees:	***Stayin' Alive***
Wings:	***Mull Of Kintyre***

Seite 2

Queen:	***We Are The Champions***
Gitti & Erika:	***Heidi***
ABBA:	***Lay All Your Love On Me***
Supermax:	***Lovemachine***
Clout:	***Substitute***
KISS:	***I Was Made For Loving You***
Blondie:	***Heart Of Glass***
Village People:	***Y.M.C.A***
M:	***Pop Muzik***
Thom Pace:	***Maybe***

Seite 3

Nick Straker Band:	***A Walk In The Park***
Dschingis Khan:	***Moskau***
Promises:	***Baby It's You***
Frank Zappa:	***Bobby Brown***
Styx:	***Boat On The River***
The Sugarhill Gang:	***Rapper's Delight***
Phil Collins:	***In The Air Tonight***
Soft Cell:	***Tainted Love***
John Lennon:	***Woman***
Trio:	***Da Da Da***

Seite 4

Falco:	***Der Kommissar***
Culture Club:	***Do You Really Want To Hurt Me***
Irene Cara:	***Flashdance***
Michael Jackson:	***Billie Jean***
Nena:	***99 Luftballons***
Van Halen:	***Jump***
Frankie Goes To Hollywood:	***Relax***
Prince:	***Purple Rain***
Opus:	***Live Is Life***
Modern Talking:	***Cheri, Cheri Lady***
Tears For Fears:	***Shout***

1974–1983

Das waren Zeiten!

1974

Die **DDR** bekommt ein eigenes **Kfz-Nationalitätszeichen**, vermutlich, um sich vom Fußball-Weltmeister aus dem Westteil besser unterscheidbar zu machen. **ABBA** gewinnen den Grand Prix und **Muhammad Ali** den „Rumble in the Jungle". Die Eröffnung des **ersten Ikea-Marktes** in Deutschland macht das Jahr zu einer richtig runden Sache.

1975

67% der Briten stimmen beim **Brexit-Referendum** mit „Nein" und England bleibt Mitglied in der **EWG**. Früher war halt alles besser. **Bill Gates** gründet **Microsoft**, und das **erste YPS-Heft** erscheint – das Todesurteil für handgeschriebene Briefe und für Millionen von Urzeitkrebsen!

1976

Helmut Schmidt wird Bundeskanzler und bekommt gleich einen neuen prominenten Bürger: **Wolf Biermann** darf nach einer Konzertreise nicht mehr in die DDR zurückkehren. Millionen Ostbürger platzen fast vor Neid. **Mao und Meinhof** sterben, jedoch nicht als Folge der **Todesstrafe**, die in den USA wiedereingeführt wird.

Seit 1974 hat ganz Deutschland immer irgendwo eine Schraube locker und dazu noch einen Ohrwurm. Danke, Schweden!

1977 Die **GSG 9** stürmt die „Landshut" in Mogadischu, was eine Reihe von Terroristen dort und in Stammheim das Leben kostet. Ebenfalls gen Himmel fahren **Elvis** und **Charlie Chaplin.** Damit die so entstandene Lücke gefüllt ist, reklamieren **Queen** mit **„We Are the Champions"** die frei gewordenen Throne des Entertainments ganz nonchalant einfach allein für sich.

1978 **Reinhold Messner** besteigt den **Mount Everest** ohne Sauerstoffgerät. Eine körperliche Grenzleistung, die viele Fußgänger heute, dank der Abgase des **Passat Diesel,** der gerade auf den Markt kommt, täglich auf dem Weg zur Arbeit leisten müssen. Es gibt gleich **drei Päpste,** der letzte der Reihe bleibt dann aber fast 27 Jahre und beweist so die Richtigkeit der **Evolutionstheorie:** Survival of the Fittest!

1979 Pünktlich zur **ersten Weltklimakonferenz** meldet das Ruhrgebiet den ersten **Smogalarm Deutschlands** und beschleunigt so das Grubensterben. Wenn das mal so schlau war. Der **Spritpreis** überschreitet die **1-DM-Grenze** und der **HSV** wird Meister. Ja, genau: DER HSV, und richtig: im Fußball!

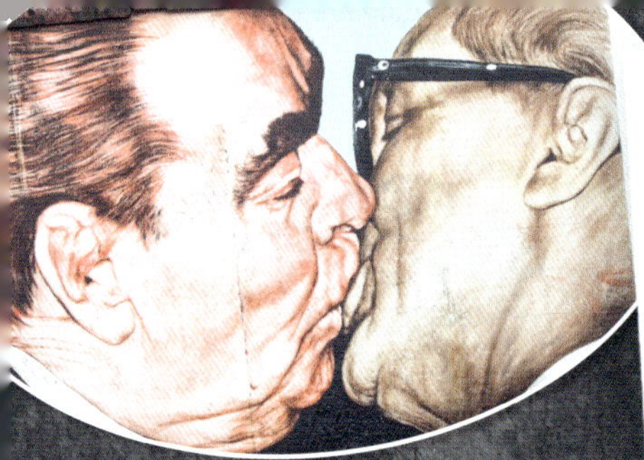

Die nach der „Erschaffung Adams" berühmteste Wandmalerei der Welt zeigt Breschnew und Honecker beim Knutschen anlässlich des 30. Jahrestags der DDR 1979. Trotz dieser cleveren Marketing-Idee blieb der erhoffte massenweise Zuzug von Homosexuellen in den Ostblock aber aus.

1980 Weil es einfach nicht so weitergehen kann wie bisher, gründet sich in Polen die **Solidarnosc** und in Deutschland die Bundespartei **Die Grünen**. Leider kann keine der dieser neuen Organisationen den **1. Iran-Irak-Krieg** oder die **Ermordung John Lennons** verhindern. Damit der Start in die 80er nicht ganz so trübe ausfällt, strahlt die ARD erstmals **„Verstehen Sie Spaß?"** aus. Eine rein rhetorische Frage an alle, die dieses Jahrzehnt erleben werden.

1981 **Charles heiratet Diana** live im Fernsehen. Der Beginn einer Dauerserie, die allerdings zwischen den anderen Mattscheiben-Neulingen **Schimanski** und **Dallas** nicht so richtig überzeugen mag und deswegen noch lange vor dem Quotenkönig **WETTEN, DASS..?** abgesetzt wird. Deutlich besser schlägt sich da **Ronald Reagan** in der Rolle des Präsidenten als erster Hauptdarsteller in einer US-Reality-Soap, die sogar in eine 2. Staffel geht.

Die Mauer bekommt Denkmalschutz. Ende des Jahrzehnts wird ein Monument mit gleichem Namen und vergleichbarer Länge in Deutschland eingerissen, wohl, um Streitigkeiten im Namensrecht zu beenden. Allerdings konnte nie einwandfrei geklärt werden, ob auch wirklich die richtige Mauer eingerissen wurde.

Fernöstliche Weisheit? Oder ein Leak kommunistischer Spionage? Die Post Nordkoreas bringt schon zur Geburt von Prinz William eine Briefmarke, aus der man Diana heraustrennen kann. Ein Schelm, der Böses dabei denkt!

1982

Das **Time Magazine** wählt den Computer zur „Person des Jahres". Passend dazu taucht mit **Elk Cloner** das **erste Computervirus** auf. Es verbreitet sich vermutlich noch über Körperkontakt. **ABBA** trennen sich und die **Toten Hosen** treten erstmals auf. Die Welt wartet sehnlich auf die Umkehr dieser Meldung.

1983

Der Stern druckt die **gefälschten Hitler-Tagebücher** ab und kann froh sein, dass es damals noch kein Internet gab. Der **Shitstorm** hat sich aber auch so gewaschen. Was es auch nicht gibt, sind Smartphones, deren Urururgroßvater, das **Motorola DynaTAC 8000X**, in diesem Jahr das Licht der Welt erblickt. Das Baby ist 800 Gramm schwer und nur in der Nähe eines Telefonmastes einsatzbereit. Die Welt war noch ein einziges **Funkloch!**

Die Hitlertagebücher erwiesen sich schnell als Fake, genau wie der Facebook-Account des Führers. E-Mails oder WhatsApp-Nachrichten aus dem Führerhauptquartier sollten darum nicht geöffnet werden.

Baujahr 1964 Ich geh Kaputt, gehste mit?

Die Schulzeit ging zu Ende und wir überlegten, was mal aus uns werden sollte. Einige von uns besuchten nun die Oberstufen der Gymnasien, um das Abitur zu machen. Andere suchten sich eine Lehrstelle und verdienten ihr erstes Geld. Die einen hatten so mehr Freizeit, die anderen mehr auf Tasche, so war beiden Seiten gut gedient.

Egal, für welchen Weg man sich entschied, die Zukunft sah für uns ziemlich rosig aus. Computer kannte man in der Hauptsache von zu Hause als klobige PCs, die man stundenlang mit Disketten fütten musste, um dann ein ruckeliges Spiel wie „Larry In The Land Of Leasure Suit" oder „Ballerburg" zu spielen.

Maschinen waren ausschließlich da, damit man sich über die dauernd kaputten Drecksapparate ärgern konnte. Es gab natürlich schon damals Leute, die von Fabriken ohne Menschen sprachen. Wir nannten diese Leute „Spinner". Dass uns Technologie mal den Arbeitsplatz würde kosten können, das konnte sich damals keiner vorstellen!

Die Computer unserer Jugend brauchten ständig Menschen, die sie instandhielten und betreuten. Es waren rechnerische Pflegefälle, deren mickriger mathematischer Radius nur von ihren Betreuern euphorisch gefeiert wurde.

Schon länger hatten wir aber vor allem das Bedürfnis, endlich zu Hause auszuziehen. So suchten wir uns Kumpels und Freundinnen und gründeten Wohngemeinschaften.

Manche unserer Wohnexperimente nahmen einen fatalen Verlauf, weil es für die Einhaltung von Hygienebestimmungen keine ausreichend legitimierte Exekutive gab. In schweren Fällen beendete das Gesundheitsamt die Biotopie mit einer Schwadron Kammerjäger.

Auch wenn der Spaßfaktor in diesen Wohnprojekten oft sehr hoch war, litten doch die hygienischen Mindeststandards, und in der ein oder anderen Kommune brachen choleraähnliche Krankheiten aus, die wir erfolgreich mit Tüten-Rotwein von Aldi und Pichelsteiner Eintopf aus der Dose bekämpften.

Irgendwann zogen wir das erste Mal mit einem Lebenspartner zusammen, entdeckten, dass es abends zu Hause auch ganz nett sein kann und dass frische Zutaten eine durchaus willkommene Abwechslung vom „Mexikanischen Feuertopf" darstellen.

Nach außen ließen wir uns nichts anmerken, doch manchmal verriet ein modriger Geruch die Umstände, unter denen wir zeitweilig hausten.

Wir suchten und fanden Jobs, begannen uns für Wohn- und Schlafzimmereinrichtungen jenseits von Flokati und Sitzkissen zu interessieren und waren, ehe wir's uns versahen, auch nicht mehr so anders als unsere Eltern, die als Babysitter nun wieder gern gesehene Gäste waren. Das war so ziemlich zur selben Zeit, als die Lieblingshose nicht mehr passte. Älterwerden ist eben nix für Weichlinge.

Wir haben das Beste draus gemacht und sind darum auch heute noch DER Jahrgang, der rockt!

PROMINENT & Baujahrgleich

1964 ist die genetische Champions League, wie die schier endlose Reihe der lebenden Legenden aus unserem Club eindrucksvoll beweist.

1964 Baujahr Das Ende vom Anfang

So halten wir hier nun tapfer die Stellung. Jeden Tag treiben das Internet oder der Chef eine neue Technologie durch die Hütte, man schaut manchmal schon gar nicht mehr so richtig hin. Wir machen einfach weiter, weil wir wissen: Das Miteinander, das wir in unserer Kindheit und Jugend ohne Apps und Social-Media-Kram gelernt haben, es wird in nicht allzu ferner Zukunft unser Trumpf gegen die depperten Maschinen sein. Und weil wir das wissen, sind wir dankbar. Dankbar dafür, dass wir in einer Zeit Kinder waren, in der wir das Wasser aus Wasserhähnen und nicht aus Flaschen tranken.

Wir verließen morgens das Haus zum Spielen. Wir blieben den ganzen Tag weg und mussten erst zu Hause sein, wenn die Straßenlaternen angingen. Niemand wusste, wo wir waren, und wir hatten nicht einmal ein Handy dabei!

Sie waren gekommen, um zu bleiben. Warum sind die blöden Kisten nicht einfach im Raumschiff Enterprise geblieben?

Wir aßen Kekse, Brot mit massig Butter, tranken viel süßes Zeugs und wurden trotzdem nicht zu dick. Wir hatten keine sozialen Medien oder Smartphone-Gruppen, wir hatten Freunde! Wir gingen einfach raus und trafen sie auf der Straße. Oder wir marschierten zu deren Heim und klingelten. Keiner brachte uns oder holte uns ab. Wir dachten uns Spiele aus, mit Holzstöcken und Tennisbällen.

Wie war das nur möglich?

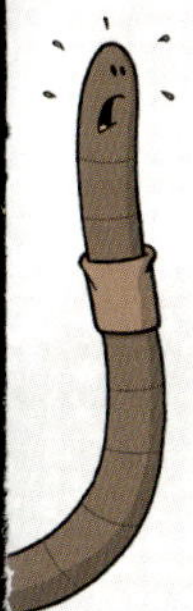

Außerdem aßen wir Würmer. Und die Prophezeiungen traten nicht ein: Die Würmer lebten nicht in unseren Mägen für immer weiter. Wenn einer von uns gegen das Gesetz verstoßen hatte, war klar, dass die Eltern ihn nicht automatisch aus dem Schlamassel heraushauen würden. Im Gegenteil:

Sie waren oft derselben Meinung wie die Polizei!

Unsere Generation hat eine Menge innovativer Problemlöser und Erfinder mit Risikobereitschaft hervorgebracht. Wir hatten Freiheit, Misserfolg, Erfolg und Verantwortung. Wir waren Helden – so was baut heute keiner mehr!

Diese Zeiten sind leider unwiederbringlich vorbei. Aber wir werden alles tun, dass auch unser Nachwuchs dasselbe von seinen schönsten Lebensjahren sagt!*

(*Auch wenn es unter ihnen reichlich verzogene Wellpappen gibt, die man am liebsten ... Aber das macht man heute ja nicht mehr.)

1. Auflage 2023
– Originalausgabe –

ISBN 978-3-8303-4547-3

Idee und Text: Michael Kernbach
Umschlag- und Innenillustrationen: Miguel Fernandez
Lektorat: Oliver Domzalski
Redaktion: Ariane Ossowski
Herstellung/Gestaltung: Sarah Landwehr/Monika Swirski

FOLGT UNS! facebook.com/lappanverlag
Instagram.com/lappanverlag
www.lappan.de

MIX
Papier
FSC FSC® C002795

Wir produzieren nachhaltig
- Klimaneutrales Produkt
- Papiere aus nachhaltigen und kontrollierten Quellen
- Hergestellt in Europa